www.aalmas.eu

Palavras de amor

António Almas

Ficha técnica

Título: Palavras de amor
Autor: António Almas
Edição: Quinta Dimensão, Unipessoal, Lda.
Rua José Emídio Amaro, 9
7160-213 Vila Viçosa
edicao.propria@gmail.com
Design: Raquel Luna
Paginação: António Almas
Impressão: POD
ISBN: 978-989-99656-7-6
Depósito Legal: 430360/17

Vila Viçosa, 1 de Setembro de 2017
Todos os direitos reservados de acordo com a legislação em vigor.

Prefácio

Porque o amor é um sentimento maior, porque de tão profundo é difícil de descrever, porque por mais palavras que escreva nunca serei capaz de dizer-vos tudo o que ele personifica em mim.
Sentidos e emoções, avassaladoras paixões, vontades, desejos e proibitivos segredos. Estórias, vivências e demais demências que só ele pode desencadear em nós justificam que tanto de mim lhe tenha dedicado durante esta vida.
Porque este não será o último discurso, continuarei a propalar a essência deste sentimento nobre, que nos elevas aos céus e nos submerge na mais profunda fossa oceânica, nos faz perdidamente loucos e dolorosamente angustiados.
Porque quem já amou entende. Porque quem ama compreende e quem há-de amar aprende que o amor é o epíteto da felicidade mas igualmente um prenúncio de dor.

Leia este livro ao som duma selecção de música escolhida pelo autor. Instale a partir da Apple Store ou do Google Play a aplicação gratuita QR Code Reader e depois leia o código abaixo apontando a câmara do seu telemóvel com a aplicação aberta.

Música para ler

www.aalmas.eu

Palavras de amor

A vida é o treino da Alma, com ela aprendemos a andar, a dizer, a suportar a caminhada, mas sobre todas as coisas, aprendemos a vencer as batalhas mais complexas. A morte não é de todo o fim da vida, mas o seu ápice, é com ela que aprendemos a libertar-nos do corpo e a sermos pássaros do universo.

António Almas

Conheço de ti a curvatura do dorso, a sombra que os teus seios nus desenham sobre o meu peito plano. Sei o sabor da tua chuva, quando a boca derrama a saliva no beijo prometido e o suor resvala pelas frestas do corpo.

Palavras de amor

Os meus dedos são artífices que tatuam a nua pele que a arrepios de prazer balança, agitando a atmosfera carregada de odores sensuais. O perfume do amor, mescla-se com o almiscarado gosto do sexo, teu, na minha boca, meu, entre os teus lábios.

António Almas

Há um frenesim espasmódico que leva os corpos a entrarem num estado de transe, todos os sentidos confluem para um só ponto, todo o sangue escorre para o nevrálgico momento do êxtase. Esse rio que se solta da barragem do meu corpo, corre agora solto nas condutas do teu âmago que o recebe com um gemido alto e uma contracção, sorvendo-o no útero.

Palavras de amor

A dissecação do amor,

Um dia quis perceber o amor, aquele que guardamos no coração, que nos faz palpitar e chorar de emoção. Decidi operar-me, abrir o peito e cortar, esta armadura, dura, que encerra essa frágil bomba que bate, e rebate com a força de quem vive, mas também com o detalhe de quem ama. Peguei-lhe com carinho, não fosse parar-se-me nas mãos, não fosse palpitar de comoção por tamanho transtorno de sair do peito, onde está fechado a sete chaves. Coloquei-o frente aos olhos, e de repente chorei, comovido por olhar para tudo o que continha, aquela pequena máquina que ali batia, e batia, e batia. Que segredos esconderia? Que vontades a moviam? Apenas a de dar vida, ou a de dar calor, carinho e amor? Sempre acreditei que o verbo amar não se conjugava no coração, mas sobretudo na alma, mas talvez estivesse enganado, e na minha presunção não tivesse reparado a força que tem um coração. Decidi-me a pará-lo, fazendo-o bater cada vez mais compassado, até que se silenciou. Senti-me abalado, a cabeça começou a ficar zonza e de repente o mundo parou. Parecia ter entrado num sonho, onde o meu coração se abria, para ver tamanha alegria, e, ao mesmo tempo, tanta tristeza e dor, porque um coração sem amor, dói, corrói e seca-se, ou melhor disseca-se como uma flor morta de onde nada vive, porque o amor é um vazio, um eco, e só existe, no coração, quando este se irriga do sangue da paixão, da vontade, do querer, é por isso que bate, vibra e se agita, agigantando-se como uma vaga, junto aos pulmões onde o ar fresco é brisa e toda a vida com ele palpita.

Mas eu matei o meu, pela curiosidade de saber, o que dentro dele havia para esconder. Agora seco, cortado e dissecado não passa de uma raiz seca da árvore que outrora foi vida, e eu? Eu choro,

com os olhos rasos de água, por ter deixado escapar de dentro dessa caixinha de surpresas, guardada pelo peito forte e duro dum homem, todo amor do mundo.
E choro.

António Almas

A Ti me entreguei, óh Deusa omnipresente na luz das estrelas, Mãe imaculada, profundamente amada no âmago da minha essência. Senti os Teus braços receber-me como um filho, como um homem simples cuja devoção acalentas com a paz das noites e com o brilho do Teu olhar durante os dias. Sei-Te presente em mim, e sei que em Ti minha alma habita, como centelha que floresce na sagrada floresta dos tempos. Hei-de sentir-Te por dentro, quando juntos caminharmos rumo ao infinito túnel do tempo, onde Tu me darás a eternidade e eu te abrirei a porta da saudade.

Palavras de amor

O poeta ama o etéreo, não se contenta com menos, exige do amor tudo, tanto que muitas vezes se perde em procuras frustradas. O poeta quer o todo, não espera menos da vida que tudo aquilo que ela lhe pode dar. Talvez por isso o poeta procure essa mulher, essa deusa que não é mais que a aglutinação de todas as mulheres, esse ser magnificente ao ponto de ser simultaneamente pura e magnificamente impudica. Que possa ser o céu, mas também o inferno, o celestial e o mundano, o eterno e o mortal miscigenados num só ser humano.

É por isso que o poeta é um homem só, perdido nas labirínticas paixões, procurando nelas ilusões que alimentem a sua vida, colhendo inspirações, sofrendo desilusões e morrendo a cada dia na praia de onde ainda há dias partira.

Esse é o poeta, aquele que escreve canções, que relata argumentos e constrói guiões, aquele que se mata na procura das perfeições, dos

António Almas

equilíbrios, aquele que nos faz sonhar todos os dias, e nos faz ler os seus livros.

Proponho-te, o altar dos sonhos, onde serás Rainha, Santa e invicta Deusa, entrego-te as minhas preces e tudo o que de mais belo carrego, nas palavras vestidas de sentidos, num amor que nada cobra, apenas oferece em ritos sagrados o seu mais delicado desejo. Dou-te a existência, como dona dum mundo que vou criando, desenhando e descrevendo conforme teu corpo se despe, tua alma se mostra e te revelas para mim Princesa do eternamente.

Este é um acordo final, uma entrega descomunal de todas as forças da minha natureza, enquanto homem, enquanto poeta, trovador ou seja eu lá o que for. Toma da minha mão este universo, Mãe de todas as mães, Amante debruada a oiro e diamantes, enfeitada com a hera dos tempos, figura etérea que eu desejo.

Chamo-te a mim, invoco-te como feiticeiro sagrado, alquimista ou druida, homem já cansado da caminhada que vê em ti a salvação para este

António Almas

coração despedaçado, para esta alma rasgada, para este vazio incomensurável que é ser letra e nunca palavra.

Palavras de amor

Hábeis são as curvaturas do teu corpo, que em ondas se contorce, não me é fácil acompanhar-te na pose, no acto de virar e revirar a pele, mostrando-me ângulos desconhecidos e tecidos únicos por descobrir. Se eu não fosse feito de ar, se eu não fosse essa fragrância que te envolve quando te desfolhas para mim, ser-me-ia difícil seguir-te o movimento, e a luz teria imensa dificuldade em mostrar ao de leve o perfil que me tentas ensinar.

A esta microscópica distância entre o mundo real e o teu universo eu sou apenas o espectador, olhando as alterações da tua expressão, a forma como tudo se verga perante a tua nudez, e entrego-me, como maestro à condução desta orquestra de sentidos que toca incessantemente em ti.

Sabes, sinto-me honrado por te desvelares para mim, sem medos, sem pudores, como desejo de ser imortalizada naquilo que é a parca existência dum corpo, dum dia, duma vida. Sinto-me privilegiado porque não é para todas as Almas, essa capacidade de entrega, esse desapego ao corpo que se dá ao olhar do mais atento voyeur, oferecendo-lhe a perfeição e a falha, a luz e a sombra da beleza feita arte.

É urgente, diz a mente, que sente o tempo a passar. É necessário ocupar todo o espaço da folha com o resultado funesto da árvore morta, fazer dela retorta e criar de novo do nada a vida.
É fundamental, dizer duma forma premente, porque falar já ninguém sente, a palavra gravada no papel, sob pena de nos esquecermos de pensar, de declamar, porque é urgente!
Meu Deus como urge ouvir, sentir e debulhar todas as espigas por forma a dar grão à terra que seca tão repentinamente, como morre a gente, de tamanha pequenez, quanta insensatez ser escriba, num mundo de analfabetos, onde todos escrevem mas já ninguém lê.
Direi que é sina, definhar assim sob forma de verbos, de frases e dialectos que poucos conseguem compreender. Afinal de que vale escrever, ser poeta ou prosador, romancista ou escritor, se não existe público para aplaudir o autor?

António Almas

Não percebo esta tamanha necessidade de por escrito a saudade, de dizer por letras as vontades e deitar ao vento os sonhos, que sem asas acabam por definhar. Que me dizes tu amigo? Porque me estilhaço e grito, quando já ninguém me ouve?

Palavras de amor

Porque haverias tu de ser utopia? Logo tu uma mera fantasia! Há na tua magnificência uma força interior que brota como fonte na orla húmida do teu corpo Mulher. Como posso deixar de te amar, como posso não te idolatrar se és luz para o meu olhar, abraço onde me vou aconchegar e prazer que me há-de fazer sonhar.

Um dia, apenas por um dia, hei-de ser teu, e tu entregar-te-ás em meus braços, num pleno sentir de luxúria, num imenso grito de vontade para seres unicamente minha, por um instante, por um segundo ao qual chamarei eternidade.

Guardo-te, aguardo-te com a paciência da sapiência, como se não houvesse tempo para mim, sabendo que hás-de chegar, hás-de maturar e ser em mim presente.

António Almas

Voei na ilusão de poder planar na loucura suave da tua pele, sonhei com o toque, com a fome de lamber o teu sal. Perdi-me em silêncio, em paixão e temor, de em ti não encontrar o amor, e o tempo ensinou-me. Ensinou-me que não te posso amar, não como eu adoraria ter-te, não como eu gostaria de idolatrar-te. Tudo é apenas ilusão e dor, e mesmo as curvas do teu perfil se afiguram fatais à minha mente, ao meu desejo e tudo morrerá quando eu não conseguir mais curvar-me sobre a ferida aberta no meu ventre pela tua ausência.

Palavras de amor

Como posso passar pela tua fragrância sem ficar inebriado pela densidade que deixas no ar? Como posso contemplar o teu corpo e não pressentir o arrepio que as curvaturas da silhueta dissimulam sob o vestido? Não sei, não tenho como não amar essa singela beleza que se torna exuberante quando agitas o universo em teu redor. Quiça por isso fique calado, apenas a olhar-te, a ver-te passar pelos passeios da vida, entre frases e bons dias, entre sorriso dissimulados de alegria e prazer por apenas respirares o mesmo ar que eu. O meu amor não se faz de posse, mas de contemplação, porque nada mais me é permitido, porque meu medo a mais não se atreve que a olhar-te e ver-te passar, dia após dia.

António Almas

Preciso do infinito dos dias, do silêncio das noites, da luz do Sol, da sombra das árvores e do perfume das flores para poder entender a tua beleza. Só na Natureza posso encontrar comparação para a complexidade do teu ser, só na exuberância do Universo consigo perceber a profundidade do teu olhar e descobrir a melhor forma de te amar. Podes achar que exagero quando falo da perfeição dos teus detalhes, dessa curvatura pronunciada dos teus seios, ou do sabor da tua pele após amares o meu corpo, mas nada é demais quando te olho e te desenho, o carvão desliza-me entre os dedos, como os teus gemidos de prazer deslizam nos meus ouvidos. Escuta-me, deixa-me imortalizar-te no traço imperfeito da minha paixão por ti.

Palavras de amor

Não conheço jardim mais perfeito que o teu corpo, cada poro uma flor, cada relevo um gesto de amor. Não sei como agradecer ao Criador, que me fez jardineiro da tua pele, anjo que guarda a tua alma e admirador que contempla a obra-prima que Ele me legou. Posso ser nada, apenas um olhar, uma palavra, uma gota de água no oceano em que mergulhas, mas com toda a certeza para mim é inesquecível visitar essa maravilha que és, cuidar-te, mesmo quando não estou perto, regando-te com letras, idealizando-te com rabiscos ou polindo-te sobre a folha vazia, que é a minha imaginação, lá onde te fazes Mulher.

António Almas

Saberás tu onde começa o meu desejo? Sente como a minha língua é pincel que se impregna da tua maresia, que contorna a tua pele e procura na boca do teu corpo beber-te, sugar-te o prazer que deixas escorrer como néctar até ao cálice sagrado do teu ventre. Quero perceber os arrepios, os suores frios, a rítmica agitação do teu corpo quando se faz mar em plena ondulação. Quero mergulhar-me, banhar-me de ti, como se fosses água fresca da nascente que jorra da parede fria da vida. Sei que sabes a dimensão da minha vontade, mas ainda assim negas-me o prazer de te fazer explodir de paixão.

Sei de que horizonte me falas quando esperas o pôr-do-sol deitada sobre as letras que te escrevo. Conheço a exuberância da tua fragrância, antes mesmo de o Sol beijar a Terra no limite do dia. Percebo a subtileza como soltas o teu cabelo, aspergindo perfumes da tua essência de mulher, é um sinal para que te siga até ao infinito limiar da tua existência.

Vieste como um cometa, iluminar a escuridão da minha noite, num abraço que preencheu um vazio imenso com a força da genialidade de quem ama com a intensidade das estrelas e se entrega profundamente como meteoro em queda para a atmosfera.

Vem, não temas a queda, porque já és borboleta, princesa e mulher, de suaves curvas e quentes e apaixonantes desejos que quero percorrer por noites a fio com meus dedos, saboreando o sal dessas lágrimas de felicidade que te escorrem pelo rosto e banham a tua alma numa purificação insana, porém pueril, intensa, contudo doce e suave como o vento que te afaga o corpo.

O dia cai, e sentes como os meus pés se entrançam nos teus neste crepúsculo único que acabou de nos unir.

No ar a escuridão dissipa-se, revelando os corpos despidos sobre a cama, sinto a brisa fresca que a madrugada deposita como carícias na minha pele, os olhos abrem-se para contemplar as curvaturas da tua nudez, a singela beleza que em contraluz revela a sensualidade com que te amei pela noite fora. Fico ali quieto, vejo que ainda sonhas, o teu olhar fechado agita-se de um a outro lado, sorris para a imagem que se projecta na tela do sonho, e eu assisto, como se estivesse vendo o mesmo filme que tu. O respirar tranquilo envolve-te o corpo numa dança tântrica, interminável, como as ondas dum mar, nesse constante e calmo ir e vir que faz o universo pulsar de vida.

Escuto a música do nascer do Sol, aquela mesmo que escutamos antes dele se por e que nos levou a uma viagem sobre os tons rosáceos do prazer, enrolando-nos num amor que se fez presente, intenso e húmido, em nós. Abres os olhos e o Sol nasce no quarto.

António Almas

Nasce-te nos olhos a manhã, as lágrimas, gotas de orvalho matizam a face que se ilumina, acordando da fria noite. Procuras-me e não estou ao teu lado, pensas ter-te abandonado para voar a outras paragens, este paradigma dos anjos que vagueiam pelas almas dos humanos. Limpas o rosto e vislumbras junto à porta da varanda um corpo, encostado ao umbral, contemplando o raiar do dia, afinal estava ali, não tinha voado, não tinha evaporado com o calor do Sol, era humano e real. Virei-me e olhei-te profundamente, como quem sabe o que sentes, pequei-te ao colo e levei-te para o meio do dia, já amadurecendo no céu azul, como quem carrega uma criança acabada de despertar para ver a luz, sentir os perfumes e as fragrâncias deste jardim do éden em que habitamos.

Sabes sempre onde me encontrar, ao nascer do dia, ou no pôr-do-sol, no meio das árvores ou à beira do lago, esperando que acordes para o

António Almas

sonho, me chames e eu venha para te mimar.

Palavras de amor

E o amor? Pergunto-me quando não entendo porque esse sentimento nobre é debulhado e confinado as espaço exíguo da posse de um pelo outro. O amor devia existir quando, a pessoa que ama quer o ser amado feliz, independentemente das circunstâncias, das proximidades ou distâncias, dos custos e das dores que o amor possa causar naquele que ama. Estigmatiza-se o amor, espartilha-se e comprime-se no espaço de dois corpos, quando a sua essência é muito mais universal, desprovida de sentido de espaço, particularmente o exíguo, que cabe apenas entre o querer e o ter. O amor devia ser partilhado, sentido e nunca cobrado, perguntado ou questionado, porque na sua raiz ele é livre e puro, simples de unívoco. Quem está disponível para abdicar de quem ama se isso for condição *sine qua non* para a felicidade do outro? Quem de entre nós, está verdadeiramente enamorado ao ponto de permitir que o seu amado parta para ser feliz ao lado de outro alguém? Talvez por isso hoje a palavra amor se tenha banalizado, tal e qual como o sentimento, que apenas existe quando podemos ter o outro, possuí-lo, torná-lo nosso e até moldá-lo à nossa forma de ser. Dirá um amante de hoje "Se não queres ir ali comigo é porque já não me amas!" sem ter em conta se realmente é tão importante que o outro vá, ou mesmo se essa é a sua vontade. Podeis dizer-me "Fazem-se sacrifícios por amor", pergunto-vos, fazem-se? Quais?

Palavras de amor

O mensageiro tem de saber quando não há mensagens para entregar, quando deve ficar no meio do nada, pairando, como partícula em suspensão no ar frio da manhã. Ele precisa saber que é o envelope que deitamos fora quando não necessitamos mais que guarde a missiva, tem de aprender a esperar, a ficar calado e a pensar que, um dia, será procurado, talvez para ser papel de carta, onde as letras depositadas são guardadas junto ao peito enlaçadas em fitas de seda, para que a eternidade se lembre do que foi escrito.

Mas o mensageiro é isso mesmo, um invólucro que reveste o que é importante, como a roupa que veste o corpo, de tempos a tempos fica ali, amontoada esperando outro Inverno. É assim que eu aprendo a ser instrumento, aguardando que me chames, que me venhas buscar porque tens frio, ou porque o teu amado se esqueceu de te abraçar... Tantas outras vezes sou eu que te transmito as esperanças para o futuro, nas letras que ele diz escrever-te.

Por isso te espero, aqui no chão frio, no baú esquecido do tempo, na esperança que precises de mim.

Palavras de amor

Coloquei nas tuas mãos o meu espírito, como se fosses a solução para a derradeira viagem, como se pudesses tu sentir a agonia dos meus dias, perceber esta insatisfação que me domina e me prende ao fundo obscuro deste ser. Aprendi a viajar através do teu corpo, como a electricidade viaja pelos condutores de um ponto ao outro, senti como és uma ponte inacabada, onde a estrada passa mas não fica, onde as energias se canalizam para encontrar o destino que as espera. És filtro, que purifica e recicla a minha alma, como se fosse tu própria a redenção, sem te aperceberes disso, ou será que percebes e eu é que ainda não te entendo na devida dimensão do que és?

Deixei-te um corpo dormente, e fui em busca das respostas que guardas escritas no livro sagrado, mergulhei na profundeza dos teus olhos e vi através deles um mundo novo. não sei qual de nós conduzia, qual de nós era conduzido, simplesmente deixei-me ir no fluxo dos sentidos e partilhei contigo as minhas sombras, mas também a minha esperança de deixar as trevas e vestir-me de luz.

Conectei-me às tranças dos teus cabelos como se houvesse entre nós uma singularidade partilhada, encaixamos como se fossemos feitos das mesmas massas e as energias se dividissem para depois se somarem no todo que somos.

Do que sou feito? De matéria vazia, do espaço infinito entre as estrelas? Porque tendo para a agonia? Porque procuro constantemente o inalcançável? É insuportável este buraco negro em torno do qual gravita a minha existência. Uma constante batalha entre a luz e as trevas, entre a tentação e a absolvição, como se não existisse um meio-termo. Que guerra é esta que grassa sobre o meu peito, desconjuntando-me o espírito e desestabilizando a minha essência? Vejo a luz e não a sigo, como se a sombra me seduzisse e achasse que o equilíbrio está em ser simultaneamente anjo e demónio.

Debato-me, amarro-me, ensurdeço, emudeço tentando fazer do meu silêncio terapia, mas de nada vale porque a atracção para o abismo é sempre tão constante e forte que me arrasta, com todo um mundo atado a mim para esse nada que me consome. Dói-me a alma, sangram-me as pontas dos dedos de tentarem cravar-se na rocha nua da vida, procurando suster um corpo em declínio.

Onde estão as asas que me prometeste? Porque não se desatam das costas e me fazem pairar sobre esta desolação? Porque me sujeitas a estas forças? Será tudo isto uma forma de me testares? Dá-me forças para continuar a combater, cura-me as feridas e mostra-me que no horizonte há esperança para que possa continuar a acreditar em Ti!

Hoje quero dizer-te como sinto a curvatura da tua essência, esse espaço único onde o horizonte se verga e a atmosfera se dobra para te fazer uma vénia. Quero percorrer-te com a suavidade das penas que cobrem o meu corpo de pássaro. Quero afagar-te a tez com a calmaria dum vento de Primavera que persiste ficar Outono dentro.

Hoje quero que saibas que moro na cave da tua alma, onde guardas as memórias duma vida inteira. Sento-me naquela cadeira de balouço, folhando as páginas da tua existência, descobrindo os momentos por ti vividos.

Hoje, como sempre, estou aqui, no lugar onde me guardaste, onde sempre existi em ti, muito antes do teu espírito habitar este corpo, muito antes do frio Inverno chegar, quando o Verão amadurecia a tua fragrância e as noites eram quentes e curtas, as manhãs tranquilas e perfumadas de nós.

António Almas

Palavras de amor

O que há para dizer depois de tudo o que já foi dito e escrito? De que forma posso chegar-te? Tocar-te, ter-te e partir sem perceber quanto de mim ficou ai, quando de vi sobreviveu a esse choque de mundos. É fácil pegar nas letras e com elas vestir o corpo, cobri-lo de frases ocas e cobrir-se de sentidos vazios, sim, vazios. Nada será igual, nenhum dia que suceda aquele dia poderá ser equiparável em grandeza, sequer em horas e minutos, porque este encontro dilatou o tempo, transcendeu o real e transformou-se num quadro dum surrealismo tal que nunca mais a Terra demorará tanto a rodar sobre si mesma como naquele dia. Sim, dilatamos o tempo, atrevo-me a dizer que o tenhamos parado com a palma da mão, travando a sua cadência, desacelerando-o a um ponto tal que tudo em redor se terá suspendido. É claro que não nos apercebemos disso, de tão focadas que estavam as energias, naquele dia.

António Almas

Nada mais consigo acrescentar, a todos os pontos e pespontos que já cerzi neste pano da vida, restando-me ficar calado e olhar, para esta manta de retalho em que fiquei depois de te deixar partir.

Palavras de amor

Remeto-me ao silêncio, espaço de encontros, sobranceiro ao teu ombro onde adormeço na esperança do renascer. Reencarnar, florescer como árvore em Primavera, como semente em âmago quente, torrente que se faz gente. Calo, não digo para não agitar o ar, para não mover o corpo deste instante, deste lugar onde tudo acontece sem que possamos alterar o curso deste rio em sobressaltos. Fico quieto, imóvel como o tempo suspenso em fio de seda tecido com as teias da eternidade, porque não quero quebrar a saudade, ela é o alimento que me sustenta da queda certa no vazio escuro e frio.

Degusto com prazer cada segundo, tentando guardar entre os dedos as recordações que levo, de ti, da tua alma, do teu momento, dessa energia que sinto e escorre das mãos encantadas duma criança que caminha lado a lado com este velho. Diluo-me no vasto oceano que há em ti para ser de novo essência, perfume, fragrância que hás-de

António Almas

filtrar na ponta dos teus sagrados dedos.

Palavras de amor

O que resta do homem depois de se perder nos tortuosos caminhos do esquecimento? Como sei onde regressar se não souber de onde vim? Resta-me saber que guardas em ti, no mais intrincado universo que habita a tua alma, o segredo da minha existência. Que dentro do cofre do teu ventre, restam as reminiscências da essência que gerou a humanidade. É incontornável que tu és a Mãe de todos nós, aquela que preserva o caminho para as raízes do que já fomos.

Tu sabes, como ninguém, o que me habita, a matéria de que a minha alma é feita. Tu, como nenhuma outra, sabes o destino que me aguarda na curva da vereda. Tu, unicamente tu, percebes o meu espírito porque moldaste o corpo que o contém, tu, como ninguém.

Por isso não temo o fim da viagem, o destino, o porto de amaragem, sei que quando chegar serei bem-vindo. Sei que quando terminar, estarei nos braços teus, nesse único momento em que o tempo deixa de ser um corrupio, para ser apenas um silêncio, um sorriso e o beijo teu.

Consagro-te toda a minha existência, idolatro-te e cuido-te, como se fosses tu a filha e eu o pai, como se todas as tuas dores fossem minhas, como se fossem meus todos os teus ais.

Entrego-te todas as rezas, os meus escritos e pensamentos ó Mãe celestial, Deusa, Rainha e Princesa, Mulher, Amante e Filha, abençoada sejas.

Seria tudo uma questão de tempo até que o silêncio tomasse conta do vazio. Não há forma de contornar o abismo quando este se estende em todas as direcções, e eu sabia que esta abrangência acabaria por sugar de mim tudo o que era teu, deixando-me apenas o nada.

Não temo a solidão, ela é um momento de introspecção, onde me reinvento, cresço e me multiplico, o que temo é a ausência do teu Eu, esse espaço imensurável que me deixaste quando foste embora. Tinha a certeza que não ficarias para sempre, mas também sabia que nunca estaria preparado para quando chegasse essa hora.

Hoje, fico aqui sentado, balouçando na velha cadeira, olhando ao redor, sem vida no olhar, sem magia na ponta dos dedos, apenas estando, porque ainda é cedo para partir atrás de ti. Sei que a nossa relação era intensa, que roçava a loucura, que era insana, mas era igualmente pura.

Só hoje me dou conta de quanto me fazias falta, até então parecia que eras tão minha como a alma que me habita, se é que também essa não partiu contigo.

Já não te espero, já não te escuto murmurando na minha cabeça as letras, fiquei em silêncio, preso dentro de mim próprio e tu, inspiração, partiste para não mais voltar.

Não aceito, que não podendo ser o que queres que seja, tenha de ser simplesmente obliterado, sem que se me permita ser o que realmente sou. Tentei de várias formas explicar-te de que forma fazes parte de mim, como te vejo e te aceito nas tuas diversas dimensões. Tu, começaste por deificar-me antes de poderes tocar-me, depois quando viste que era real quiseste-me como homem, e esqueceste que muito para lá do corpo, do mundano, eu era sobretudo o teu maior amigo. Sempre que não compreendemos algo tendemos para dois caminhos, ou mistificá-lo, ou ignorá-lo, e foi assim que prosseguiste a tua caminhada, passando pelas metamorfoses invertidas, primeiro fui borboleta, depois larva e agora nada. Respeito as opiniões dos outros, posso não aceitá-las, mas respeito-as porque todos temos direito a cegar-nos quando não queremos ver. Eu próprio padeço de toda essa mortalidade, sofro com o adn desta forma estranha de egocentrismo em que se

António Almas

baseia a existência humana, mas, em breves momentos de lucidez descubro-me a aprender com a vida que o caminho é duro, mas tem de ser trilhado, e sigo em frente com quem quer seguir comigo.

Palavras de amor

É profundo o vazio que deixaste quando o teu corpo partiu do meu, não pensei que fosse tão imenso este espaço. Depois de teres contigo levado tudo o que guardava dentro, é impossível preencher, os ecos já não reverberam e as palavras já não afloram na ponta dos dedos, sou uma árvore no Estio, seca, moribunda e oca, como a caverna onde as sombras do mundo lá fora já não servem de alegorias filosóficas para aquele que vive cá dentro.

Pediste-me que te escrevesse, mas como posso eu dizer-te o que sinto? Transcrever para as letras esta saudade imensa que o teu corpo me deixou quando fiquei sozinho vendo-te ir à procura do teu caminho. Já me foi fácil ficar, já me foi até conveniente ficar a ver o amor passar, mas com ele passaram os anos e hoje não sou mais que um velho carvalho na beira da estrada da vida, ramos pesados e folhas caídas esperando o derrote dum raio para se quebrar sobre a gravidade do tempo

António Almas

que me há-de levar de novo ao chão que outrora foi meu alimento, e agora há-de ser minha sepultura.

És Tu a Deusa? Aquela que me sopra ao ouvido as preces, que me abraça no seu corpo e aquece o meu espírito? És tu Aquela que me induz os sonhos? Que desbrava os meus caminhos? Serás Tu o meu berço? A minha amizade? O meu amor? Ou apenas uma fé que me cega, que me escraviza e me arrasta numa demanda interminável pelo inimaginável desejo de em ti adormecer? Sejas lá Tu o que fores, em mim plantaste amores e uma floresta inteira se agita agora no vale sagrado do Teu imaterial corpo. Sou eu, as folhas que nascem, as folhas que caem e também as que voam na brisa da madrugada para pousar na nua pele tua. Sou eu o fantasma que deambula por entre os troncos despidos, em noites vazias de sentidos, mas também o vento quente da luxúria que odoriza a atmosfera que respiras. Criaste-me e agora persigo-Te, como a sede persegue a água, como a Noite persegue o dia, eu Te persigo a ti.

Há uma luz, para lá da pele, para lá do olhar terno que me dedicas, muito para lá do sorriso com que posas para a minha objectiva. Tudo resplandece em ti, porque te habita um universo, porque geras a própria luminescência, num encanto mágico que me fascina.

Quando me ofereces o teu corpo para que eu o tome na ponta do lápis, deixo de ser homem para me sentir um semideus, toda a tua nudez preenche a minha perspectiva, como se obliterasses a envolvência e apenas tu, com as sombras das tuas curvas fizesses em mim espirais de prazer que a folha despida de preconceitos, aceita nela te deito e imortalizo Deusa no teu altar.

Deixas que desça ao mais profundo de ti, que entre na escuridão do corpo, onde nasce a humanidade oferecendo-me a eternidade, é por tudo isto que te venero desde o início dos tempos, Mãe da Natureza, mulher nua, tão minha, tão tua.

Fiquei parado no tempo, como árvore à beira desta estrada que segue rumo ao infinito. Sempre providenciei sombra com os frondosos ramos, sempre fui abrigo em meio às chuvas, hoje sou um tronco despido, à espera da última tormenta, do primeiro raio deste Inverno, que me toque com bênção divina e me rache em chamas, fazendo-me de novo pó.

Este é o circulo da vida, mais curto e volátil para uns, mais longo e perene para outros, mas uma circunferência, onde o fim toca o início, onde o que morre dá vida ao que nasce, onde o tempo se renova e tudo cresce de novo. Nenhuma árvore fica de pé eternamente, nenhuma flor é perfumada para sempre, há momentos em que a beleza é exuberante e fresca, e outro tempo em que fenece e morre para dar de novo à Terra a força para que a semente nova germine. Somos uma cadeia feita de elos amarrados uns aos outros com laços tão apertados que em ti haverá

António Almas

sempre resquícios de mim, e em mim cantará sempre a tua Primavera.

Palavras de amor

Ando às voltas sobre a alma, envolto num turbilhão de vazios, de silêncios frios que me gelam o espírito. As palavras giram como caleidoscópios em tons de cinza, nada tem vida, nada tem ânimo, apenas uma necessidade de continuar repetindo a imensidão deste espaço oco que ficou, vindo do nada.

Terei escrito demais sobre o amor, sobre a forma idealista com que deve ser sentido e vivido a pontos tais que já nem sei sequer amar? Terei alimentado uma utopia que os anos vieram provar não fazer sentido e ser impossível de realizar? Não me entendo, fico confuso, cabisbaixo e enterrado nesta dicotomia de ser simultaneamente alma e carne, ruído e silêncio, amor e dor, que não entendo mais por onde expressar a angústia que grassa cá dentro.

Afinal o que quero? A perfeição etérea dessa constante paixão, ou, a calmaria dos fins de tarde, em que o Sol se põe milimetricamente no mesmo sítio do horizonte todos os dias?

Não sei, mas continuo a questionar-me, e indagar o Universo sobre o mistério desta insatisfação.

Poderia deixar-me perder pelas fragrâncias das essências. Poderia deixar-me levar pelo sorriso sempre disponível.

Poderia seguir os instintos que se alimentam da luxúria pura. Poderia, mas o que me fez olhar-te foi a luz com que a tua alma ilumina tudo o que tocas. Por essa forma doce e delicada com que olhas para o mundo, para essa sensualidade carregada de intuições e cumplicidades. Foi por tudo isso que fiquei a olhar-te, que tentei descrever-te em prosas perdidas de metáforas os arrepios que me provocas. Não imaginas como constróis em mim universos, cores e afectos que seriam inimagináveis num deserto árido como o da minha existência.

Com a essência das rosas plantas um jardim multicolor ao passar dos dedos sobre a pele nua, que regas com beijos e afagos geometricamente perfeitos.

Não, não me digas que estou a sonhar, porque sei-te capaz de me fazeres cair em tentação, e eu, desejoso da tua chuva, deixar-me-ei regar, para matar a sede do teu perfume, a saudade da tua existência que há-de acabar com o meu queixume.

O mundo poderia ser um entediante lugar, onde o dia sucede à noite, e a manhã precede a tarde, onde os segundos se somam até sessenta, como os minutos, e as horas não vão além de vinte e quatro, mas, na realidade mais que esta sucessão de cadências, o mundo é além do que se vê, dessa vertigem do tempo a passar, da incerteza de que os máximos estabelecidos para cada ciclo diário são suficientes para cumprimos as tarefas que uma tal instituição chamada sociedade nos incumbiu de realizar. O mundo é um lugar de pausas, de silêncios entre azafamas, de belezas

António Almas

que pairam em frente de olhos cegos, que só alguns conseguem absorver. Respirar menos, mais pausadamente, caminhar mais devagar, olhar em redor e escutar com mais atenção são momentos de fruição. Deveríamos dizer não! Sim, dizer não! A esta corrida desenfreada a que os relógios nos obrigam, devíamos talvez queimar os calendários, derreter os rolex's e sobretudo, deveríamos degustar a beleza das coisas singelas, como as pétalas duma Margarida em milhares de primaveras, ou a gota de chuva que cai sobre o rosto e nos lembra as lágrimas de alegria que tantas vezes costumávamos chorar. Mas não! Hoje só choramos de tristeza, porque tudo é triste ao redor, nas televisões, nos jornais e até nas frontes dos nossos amigos mais formais. Caramba será só isto a vida? Espero que não, que seja estremecimento e emoção, cavalo a galope sem direcção, loucura, ternura e amor, até despudor, porque tudo o resto, tudo o resto não tem valor.

Não sei porque te olho, não sei se te vejo melhor de olhos fechados ou com a ponta dos dedos em chamas. Não sei como te encontrei, no meio da bruma duma manhã de Avalon, onde ninguém mais existia a não ser o teu perfume e um corpo que te prendia.

Sei que és luz, que quebras as trevas com a tua essência, que és fragrância e desejo elevado à potência máxima do meu corpo, onde te fazes lago, mar interior e fogo.

Não sei como viestes, mas estás aqui. Não sei dos teus propósitos, mas sei de ti, desse campo fértil, ventre já desbravado à espera de sementes que façam crescer as macieiras do pecado.

Sei da loucura que provoca a tua ausência, da fome que não morre mesmo que sacie o corpo com tudo o que encontre. Da vontade de dizer-te, de todas as formas e mais algumas, como és poema, fonte e oceano, onde navego em deriva, perdido no teu vácuo.

António Almas

Sei! Mas, na realidade nada sei!

Palavras de amor

Sorri, deixa-te levar na brisa, no vento da tarde, neste abraço desenhado com o azul do céu. Dança, rodopia, como se fosse esta a última música que guardaste só para mim, como se não houvesse mais tempo de sentir. Nunca te esqueças que eu sou como a luz do Sol, as ondas do mar e o som da Terra ao rodar. Sou essa música que te embala, adormece e sustém, que mantém o teu espírito a pairar na atmosfera, e deixa sem ar todos os que te olham, vem-te escrita nas veias, imaginada nas centelhas das estrelas onde nasceu o brilho dos teus olhos. Sou mais um de tantos que te seguem, que te aplaudem o oscilar do ventre enquanto deslizas. Dança, segue o ritmo, a vibração do espírito e reinventa os passos, como quem sabe de onde vem e para onde quer que o corpo vá.
Eu, apenas te admiro.

António Almas

Um dia num verão quente, hei-de abraçar-te, nas tuas costas hei-de escrever uma sentença que diga da forma intensa como amaste.

Tua pele será papel, teu perfume inspiração e na ponta da frase desenharei um coração.

És árvore, de troncos retorcidos, como cabelos despidos ao vento dos tempos. És silêncio, ternura de fonte pura, amor em riachos de cor, perfumes que inebriam, vozes que acariciam. É Natura, forma arrojada de ser cura, corpo entregue à energia cósmica, loucura!

Acordas-me no meio da madrugada, com a fragrância das fadas, com a sapiência das deusas, com o desejo das mulheres que em mim te deitas. Despertas-me os sentidos, e na mais ténue alvorada, fazes-te na minha frente fada, feiticeira, mágica, ou tão-somente, corpo em forma de névoa que me abraça e trespassa, como a alma que levas dentro.

António Almas

Desço pelos fios do teu cabelo, nessa sinuosa mas delirante curvatura que pronunciam sobre o teu rosto, fazendo-te revelar, bela e singela pela metade. Porque és também o que escondem, intensa e densa como a lava que escorre dum vulcão em erupção. Eu sei-te, sem nunca te ter tocado, eu sinto-te, sem nunca te ter beijado, porque nasci dentro de ti, porque foste tu a alimentar os meus sentidos e o teu calor que me embalou quando me fiz homem. Sei que descerei ao teu peito, que sulcarei as montanhas que o compõem e descerei ao vale fértil do teu ventre para descobrir na caminhada a porta de entrada para o túnel secreto da tua lava... Hás-de sentir-me como sempre tivesse lá estado, a ti colado nesta partilha de brisas, nesta entrega de vício, desejos e outras tantas dádivas, que perceberás a dado momento que eu sou tu e tu és inteiramente minha.

Intimus

O que é para ti o intrincando mistério do prazer? Aquele silêncio entre o toque e o gemer, entre o estar e o ser que arrepia por completo as entranhas e as faz reagir de formas estanhas a corpos externos que se adentram e te tomam. Há uma percepção premonitória que adverte o corpo para que se molhe e escorra antes mesmo do momento em que te invado, e resvalo lentamente ao som do ar que te sai dos lábios num acto de excitação incontido.

Lembra-te da cadência, ora rápida, ora lenta, desse confronto entre as peles suadas, entre os corpos animados pelo fogo que grassa dentro de nós. Recorda-te porque será único e irrepetível o momento. Lembra-te que estivemos no corpo um do outro, semeamos as profundidades com árvores que hão-de crescer e fazer-se de frondosas sombras onde o amor há-de florescer.

Retêm-me na tua memória porque o tempo irá desvanecer-me, e só assim terás a certeza do que está acontecer, pois não restarão livros, palavras ou gritos para te recordar que ainda existo.

Palavras de amor

Vens da penumbra dos tempos, de braços abertos, envolta no nevoeiro, qual manto translúcido que acentua a curvatura esculpida do teu corpo. Trazes contigo todos os elementos, o vento e o Sol, a Lua e o Estio, trazes também a chuva e o frio, amor envolto em panos de linho. Que dizer-te desta minha adoração, deste meu vício de ter-te entre as mãos? Nada, apenas esperar que venhas, sempre que eu te ore, que eu te peça e possas descer das montanhas e fazer-te rio sobre o meu corpo, alagando o ventre e inundando-me com o mel do teu prazer que se derrete como neve, no calor ardente desta amor que me fazes.

Depois fico oco, como cântaro vazio à espera das primeiras gotas da fonte, como campo estéril à espera das sementes. Hiberno e definho, esperando que de novo jorre o vinho e o sangue do teu corpo comece outro ciclo.

Voltaste, vinda das montanhas, com mantos de neve e lembranças nas entranhas. Trouxeste-me em silêncio nas mãos a recordação, deste-me a água fresca das tuas fontes e mataste-me a saudade secular da tua essência.

Regressaste, como se ainda ontem tivesses partido, mas em mim estiveste tão distante que ao ver-te chegar com a aurora não acreditei que podias descer a mim, assim.

Sabes por quanto tempo te esperei? Quanto desesperei pela tua partida sem aviso, tudo ficou em mim vazio, estéril e frio. Agora é como se a Primavera regressasse com todas as flores, com se tu fosses o Verão e em mim nascessem já os calores do Estio. Para não ficar vazio, trazes-me a fruta madura do teu corpo, doce, delicado e pungente. Eis-me aqui, de braços esticados, esperando o teu abraço.

Palavras de amor

Escuta-me, enquanto escrevo o ar agita-se e forma palavras na tua mente, em ti tenho uma voz própria que só tu conheces. Em ti faço-me presente no abraço descrito, sentido, e tu percebes os meus braços cingirem-te o corpo que espera há tanto por esse momento. Eu sinto-te na voz do vento, quando contorna os obstáculos, quando penetra pelos mais pequenos buracos e me assobia ao ouvido um gemido.

Não queiras saber se nos chamam loucos, ou, se realmente o somos, ao agarramo-nos um ao outro nesta simbiose improvável em que mundos tão distantes um do outro colidem em confinado espaço. Dobrámos o tempo, vergámos as dimensões e fomos capaz de levar à letra a relatividade, podendo viajar para onde quisermos estar, dentro deste abraço inventado que te dou e que tu sentes.

António Almas

Mergulho no rebordo do teu decote, como quem se arrisca em sorte pelo abismo dos desejos. As roupas querem cair-te do corpo, como se tivessem a vontade de te desnudar para a minha curiosidade matar. Quero despir o silêncio do teu corpo e num gemido morno ouvir-te dizer que queres que em ti me vá perder.
Desço por entre os seios confinados ao apertado tecido que os cinge, comprime e clama para que possa desabrochar, como flor, à luz deste amor que te quero dar. Deixa que teu corpo floresça, agora que é Primavera, que os teus lábios sejam tinta fresca com que te pinto, nua, musa e deusa, mulher e anjo, que de repente se faz estátua e fica inerte para que possa percorrer-te.
Vem, abraça-me, perde-te nesta loucura que é posar nua para o artista, ser musa para o poeta, ser mulher que abrasa o desejo do homem.

Palavras de amor

Essa entrega que dedicas à cadência das palavras que com gestos se agitam no espaço entre galáxias é laço que me prende, às tuas asas invisíveis de Fénix das cinzas renascida. Mulher reinventada, de rosto e candura aprimorada que só a subtileza do sereno, invade a alma de todos os que te ouvem. Qual deusa em altar de heras, entre túnicas e quimeras, declamas os sentidos numa forma suave e profunda que a todos os teus seguidores hipnotiza, ou não fosses tu Íris, poetisa, mulher e amante da alegria e da vida.

Teu nobre porte, semblante delicado, fazem de ti ser idolatrado por tantos que te conhecem, muitos mais estão por converter-se ao teu doce dizer, aos teus pés hão-de render-se e de amores por ti hão-de sofrer, não há forma de contornar tamanha criação do divino, que padecer de amor infinito por uma alma tão intensa que na escura noite faz o dia.

António Almas

Se eu pudesse escrever-te por dentro, como quem pinta sobre as páginas brancas dum livro, o teu corpo despido de preconceitos, o teu gemido desvairado de quem grita a plena voz a poesia de ser amada. Se fosse capaz de deter-te entre o tempo e a minha mão, entre a página que se escreve sem razão, porque sente e arrasa as montanhas que são o crepúsculo do tempo. Se eu pudesse tudo isto, seria apenas e só o construtor do teu templo, edificado na margem direita do teu pensamento, nas noites sufocadas e quentes de amor que se perde pela vertente da tua silhueta, perfeita, incandescente como a montanha quando a lava expele. Se eu pudesse, seria magia, euforia e arrepio de pele, tempestade ou ventania que por teu corpo subia em pleno turbilhão, transformação febril das vontades de te amar despudoradamente.
Mas não posso…
Não posso mais que dizer-te tudo o que és, como

António Almas

quem te conhece de cima para baixo, quando te olho do promontório do teu corpo nu.

Quero envolver-te, no abraço terno de quem sabe o perfume do ser eterno que te habita, quero mergulhar no oceano profundo da tua dicção, dessa espontânea forma de falar do que sentes. Quero perder-me dentro de ti, nos vastos labirintos da tua intuição, onde a nudez inversa do teu corpo veste tudo aquilo que és, aquilo que em ti está escrito desde o princípio dos tempos. Quero ser pássaro e sobrevoar o teu corpo vivo, rasar o teu ventre nu como vento quente da tarde, contornar o silêncio das cordilheiras estreitas da tua pele, e subir, a pique até aos céus guardados pelos teus lábios de mulher.

Quero ser em ti habitante, eco dum passado distante de que não te lembras, quero morar na tua voz, brilhar-te nos olhos e fazer o coração palpitar-te no peito, para poder sentir o furacão que te assola e nele voar à deriva no sorriso enigmático da tua existência.

António Almas

Palavras de amor

Se por te amar eu morrer, minha alma será eterna como o amor que te dei. Se por te amar eu cegar, será no escuro breu que te continuarei a amar. Se o teu amor me asfixiar, não precisarei do ar para sobreviver, respirarei a conjugação desse verbo que é ser teu a todo o momento. Se eu deixar de existir e o meu corpo se extinguir como a chama de lareira, continuarei a arder, no profundo sentimento que te devoto, ou não seria eu teu mais dedicado escravo, teu servo mais desembaraçado, e aquele que ora a teus pés pelo teu divino amor.

A obsessão pela busca, essa incessante forma de procurar, dá-me vontade de chorar, de cair, de soçobrar, mas depois vejo-te no escuro, de túnica branca vestida, de luz em ti reluzindo e creio, mais do que nunca, que tu, iluminada, és a luz da minha jornada. Por isso não temo, cair em tentação, ser despojado do perdão, atirado mil vezes ao chão, porque sei que tu Imaculada, me hás-de estender a mão.

Posso parecer frágil profeta, pregador deplorável, ou até enganador personagem, mas certo é que o que te escrevo, não é ilusão nem miragem, é a verdade vestida de nada, com tudo aquilo que sinto à flor da pele, como se fossem teus lábios divinos mel que me cantam ao ouvido.

Palavras de amor

Em tons de oiro e cetim se escreve esse frenesim que me provocas, como se fossem tuas todas as minhas horas, como se o pensamento voasse no sorriso dos teus lábios, ou nesse beijo soprado no vento da manhã. Quisera ser Sol para beijar-te os lábios na alvorada, ser dia para seguir teus passos na caminhada, e entardecer para nos teus braços poder morrer.

É no arco do teu olhar que balançam as minhas emoções, como se fossem tuas pestanas balouço onde me embalo, como criança em jardim encantado. Não tenho medo de cair nos teus olhos, porque sei que neles nadaria para dentro da tua alma que no centro se refugia. Anda, pega-me ao colo, adormece-me com o dia e desperta-me já homem, com a noite, onde calcorrearei a tua pele com os meus dedos, e extrairei da tua boca os mais doces beijos, suspiros de prazer e fogo que no vulcão do teu corpo beberei, como água de vida eterna. Deixa-me desenhar-te as curvas, procurar na penumbra todas as tuas dúvidas e fazer-te no meu âmago, mulher, ardente, fulgente como a luz das estrelas.

Quero a eternidade agora, como se fosse possível segurar o tempo, fazê-lo esperar pelas emoções, deixar que nos permita olhar, estarrecer, desfolhar essa flor que pende do dourado dos teus cabelos. Quero segurar-te, junto com esse hiato, prender-te nos meus braços e ter-te para sempre, preso nesse sorriso iluminado.

Ficamos sentados nesta esplanada da vida, tudo corre em nosso redor, só nós ficamos, cravados num momento, numa troca de olhares que perpassa o infinito e vai muito para lá dele mesmo. Sabes, há uma inevitabilidade que nos atrai, um fôlego que sustemos no momento dum beijo prolongado, é esse o instante em que o jardineiro cuida da sua flor, ela retribui-lhe com o perfume das suas pétalas, ambos se guardam nesta Primavera acabada de começar.

Deixa que o silêncio diga o resto, que a poesia nos traga a alegria deste momento, eterno.

Como eu queria a eternidade esta noite...

António Almas

O que vi primeiro, antes de nasceres, foi o teu sorriso, a meninice que te preenchia, que eu sabia haveria de acompanhar-te até seres mulher. O que percebi depois foi a dimensão dessa imensa casa onde guardas os sentimentos, enorme coração que comporta tudo aquilo que és mais aquilo que queres ser para os outros. E no silêncio, tudo o que dizes eu escuto, desde o primeiro momento em que te vesti aquele corpo. Tu não sabes, porque nunca te disse, mas estou, desde o primeiro instante, contigo, em ti, no eco dos teus pensamentos, no reflexo dos teus momentos e no quotidiano, que aos teus olhos nunca é banal, há-de ser sempre diferente, a cada segundo, porque tu o modificas, porque tu o agitas e nele procuras ser genuína, como aquele primeiro momento da criação, eu estava lá para te ver nascer, qual menina, mulher e superlativo absoluto em género e grau, da existência da feminilidade.

De não ser por ti, não haveria essa sensibilidade, de não ser por ti, os dias seriam monótonos, monocórdicos e cinzentos. Não! Cinzentos, não! A preto e branco.

O teu universo é a vastidão do amor, esse espaço etéreo onde me movo, onde navego na pele macia do teu corpo. Onde guardo escondidas as caricias que desenho no ar que me respira, no fogo que me inflama, no gozo brando de quem sabe amar-te, deusa de mim, no altar desta fé sustentada na poesia que inspiras, no ar que respiro dos lábios doces da tua boca.

António Almas

Palavras de amor

A instabilidade com que a sombra te contorna o rosto, diz muito sobre esse fogo que a pele emana, sobre essa perfeição que a tez oferece à luz, que a perturba, que a agita e clama por um brilho próprio de uma estrela no escuro firmamento da sua própria essência. E o olhar, profundo, mergulhado num mar salgado de gotículas que se aglomeram num incessante silêncio feito de tantas letras. Leio-te, sabendo que por dentro de todo esse monumento que é o teu corpo nu, se guarda um universo que giram em torno desse quieto e tranquilo lugar onde guardas o meu amor, aquele que sinto profundamente cravado na alma que minha, te habita.

Perante toda esta perplexidade, esta fantasia feita de realidade, a curvatura do teu perfil, o contorno do teu sorriso que em mim desperta amanheceres, faz as lágrimas correr, e o amor jorrar, como sangue de feria aberta a fogo. Se um dia, no girar dos mundos, quando saudades forem mares profundos, pode que minhas mãos de oleiro possam sentir teu perfume, teu cheiro, mas sobretudo o teu perfil por inteiro na ponta dos meus dedos.

Abraço-te a alma com o desejo de ser teu, todo por inteiro.

Deito o meu corpo detrás do teu, olho-te pelo ângulo raso que perfila as elevações do corpo despido, os dedos caminham sobre a pele nua como se fossem sopros de anjos que querem acender o fogo adormecido na madrugada. Não sei o que me fascina, se a curvatura delicada, o profundo olhar que me encanta. Este silêncio permite ao tempo ser desfrutado na sua plenitude, permite ao olhar analítico descortinar detalhes no mais ínfimo pormenor da tua existência.

Percorro-te, corpo encostado ao corpo, margem colada à margem como duas folhas dum mesmo livro, capa e contracapa, substantivo e verbo numa mesma frase completa. Só assim faz sentido perceber o detalhe, só assim é possível amar-te, numa forma profusa, numa dimensão tão profunda que o corpo não é suficiente para fazer caber toda a intencionalidade que cresce dentro da minha Alma.

António Almas

Tu, melhor que ninguém, sabes como nos teus sonhos apareço, como neles sou desejo, fogo ardente, pensamento demente que te faz delirar. Eu, existo no teu firmamento, porque me vês, de outra forma seria fogo-fátuo, vazio em espaço escuro, por isso sempre te digo que és a razão da minha existência.

Deixaste-me num vazio imenso, imerso na neblina duma manhã de Outono, com lágrimas de chuva. Fiquei no umbral do tempo, vendo como a tua voz se distanciava e o teu corpo desvanecia para lá da madrugada.

A noite ficou mais escura, as penas das minhas asas caíram precipitando-se no vazio como folhas desprendidas da árvore do tempo. Deixei-te ir, sem te dizer a dimensão que habitas na minha Alma, sem te declarar a profundidade dos meus sentimentos, com medo de me entregar a essa saudade que é já ferida aberta no âmago dos meus sentidos.

Foste, infinita em cada segundo, perpassaste a longitude da minha existência e tomaste-me como a avalanche toma o vale, inundando-me com a tua fragrância, com a beleza da tua luz.

Perdi-me de ti, no horizonte extemporâneo, fiquei, aqui, quieto, a ouvir a musicalidade da tua voz, como se continuasses imutável, deitada ao lado

António Almas

da minha vida.

Palavras de amor

Em que circunstancias me deixa a vida? Em que silêncios me defino? Porque caminho? Não fora já suficientemente perturbadora a ideia de finitude, agora a certeza de que a vereda é estreita e curta. Não sei o que está para lá do crepúsculo, que desenho se forma depois de derramada sobre a tela a tinta. Perco-me nos labirínticos meandros da existência, contestando com pena o corpo, tentando desencarná-lo da Alma para que esta possa voar. Sirvo-me da metáfora, daquela que desenha árvores e florestas no deserto da memória, mas de nada me servem os artifícios, a mente, em constante demência, leva-me até as palavras, as sequências de formas e estilos com que ousava rabiscar as paredes do espírito.

Tenho saudades da loucura, dessa insanidade desregrada de frases em contracorrente da morfologia lógica do mundo palpável, quando eu podia ser anjo, mesmo não tendo asas, quando caía dos céus em espirais de euforia e me sentava ao lado de quem me lia. Hoje, no escuro da sala onde o lusco-fusco se desvaneceu pela ausência da esperança, resta-me a recordação, tatuada no papel branco dos livros que já não leio, e esta dor profunda no peito, punhal cravado pelo meu próprio eu.

Em que circunstâncias me encontras quando teus cabelos doirados descem sobre o meu corpo inerte, perdido no frio duma noite qualquer? Sabes como transportas nos lábios as cores dum arco-íris perfumado que só as deusas mais imponentes carregam. Sabes como alva tua pele é macia e serena no pousar de dedos sobre a minha face. Depois há aquele instante, em que a respiração se suspende e apenas uma leve brisa se atreve a agitar o ar, és tu a chegar, sobre meu leito vazio, com esse teu jeito que causa arrepio e furor no mais comum dos homens, mas que em mim, é elixir, fluido que dá vida num sorriso que dá vida à minha morte há tanto anunciada. És tu a minha alvorada, o meu desejo escondido no nada, a esperança de quem caminha para outro mundo com os olhos vendados ao futuro, aguardando-te do lado de lá da líbido, de mão estendia a um sonho que está prometido, e há-de fazer-se gente.

António Almas

Há uma profundidade no olhar, quando o palco se fecha e despes o corpo de actriz, ficas de alma desnuda, no quarto iluminado de purpura, é o teu brilho a luz que cerca as paredes, é o flutuar da tua vontade que paira sobre o ar carregado de emoções extravasadas na peça da vida. Mas ali, no camarim, sozinha e despojada de todos os adereços, és só tu, e eu, tua luz e meu silêncio, tua saudade e minha vontade abraçadas num só momento. Como é profundo o sério semblante que me ofereces, como és tu, para lá da ribalta, séria e perfumada deusa que me afaga e me abraça pela noite dentro, deixa-me ficar no teu âmago, dentro das paredes de vidro desse lugar que trazes em mim cativo.

Desço, pela margem do teu cabelo perfumado de camomila, procuro o branco imaculado da tua essência, perdendo-me em florestas de flores em tons lilases, entre os raios de Sol e o brilho dum olhar profundo que a voz agita em pequenas ondulações. Navego em barco de sândalo, até aportar no silente lago da tua alma. Aguardas-me de braços abertos para acolheres meu corpo cansado no âmago do teu peito. É quimera o que descrevo, mas é sentido o que expresso como profunda é a vontade de em ti habitar.

António Almas

O amor é uma avalanche, que desce a montanha dos sentidos, resvalando para o vale do prazer, levando por diante todas as barreiras que lhe impomos. Nada o pode deter tamanha é a sua força em movimento, essa avassaladora vontade de querer o outro, de provar do vinho doce dos lábios mansos de loucura. Amar é perder-se no olhar, mergulhar na vastidão da pele como quem mergulha no mar, e amar, perdidamente, sem se preocupar com abismos ou desencantos, nem dores, nem prantos, é simplesmente ser feliz, no segundo em que tudo começa, no minuto em que as mãos deslizam e o corpo sente o barco embater contra o cais do desejo. Nada a fazer, apenas descer, vertiginosamente a encosta, e adormecer no vale da esperança eterna que é amar desta maneira.

Palavras de amor

Para lá do tempo, onde o infinito é vento, suave acordar e sentimento profundo como o mar. Para lá de tudo, onde o nada é imaginação, onde as árvores são florestas que tocamos com a palma da mão. Para lá da existência, há um lugar, onde habita a paixão, onde arde na lareira o fogo da emoção. Nesse lugar, visito-te num corpo diferente, feito de luz ardente onde a alma mora e o amor comemora com regozijo este encontro. As mãos são sopros de vida e os teus cabelos ondas que me afagam o rosto, como se fossem pensamentos que voam por entre os sonhos com desvelo. Neste silêncio preponderante, todos os suspiros me pertencem, todos os beijos são teus, assim como meu amor eterno, que em ti entrego.

Ter-te assim, entregue aos meus sentidos, como se fosses água da chuva, acabada de cair em mim, escorrendo pela pele, despida de preconceitos, sentindo todos os teus relevos,

António Almas

roçando mansamente na encosta íngreme do meu corpo, é ter o céu, ser merecedor dum paraíso, pecador que te toma em sôfregos goles de vontade, áh essa saudade que me queima a alma. Quero perder-me na curvatura do teu dorso, como quem se perde na serra, na mais alta das montanhas, sabendo que é nos pináculos do teu desejo que se encontra a salvação, a redenção de todos pecados sonhados, agora aqui, ao alcance da minha mão, sente-a, mergulhando-te, molhando a ponta dos dedos na luxúria, como se fosse beijos em bocas húmidas, em lábios molhados de arrepios. Sente... Sente-me como eu te sinto, em mim.

Palavras de amor

Um dia gostaria de te explicar as sensações, aquelas que me provocas, duma forma tão detalhada que te fosse possível senti-las sem seres tocada. Mesmo na tua frente, deslumbrar o meu olhar como quem percebe estar perante uma maravilha da Natureza, e ficar a divagar pelo teu corpo, como as palavras vagueiam no ar quando ditas, proclamadas e anunciadas ao mundo. Esse mundo que és tu percebeu nas minhas letras a profusão do Amor, eterno e infinito como o mar. Um dia pronunciaste o meu nome em voz alta, escutei-te, desde então habito-te a Alma e o coração, porque é eterna essa invocação. Sei que me sentes, que nos momentos difíceis escutas no eco o meu verbo e a ele te abraças como quem abraça a vida. Não hesites em chamar-me, em pronunciar-me, porque sempre estarei ao teu lado, na batalha ou na felicidade, na vida e depois dela, como deve ser o Amor, para a eternidade.

António Almas

Palavras de amor

O que te define? Pergunto-me tantas vezes.
Continuo sem me explicar a adoração, as horas que fico olhando-te sem que percebas que o faço. Acho que é inexplicável este querer, esta forma estranha de amar sem te ter. Fico estarrecido a olhar como a luz do dia te vem abraçar, veste-te o corpo com raios de luz e faz-te brilhar no escuro do quarto ao acordar. Não há forma de descrever como os cordões de água prateada se enroscam na tua pele e a contornam, descendo-te, degustando-te sem que te dês conta que são meus dedos resvalando por entre carícias. Quando sais à rua já eu sou vento que em teus cabelos flutua, perfume de incenso, aroma adocicado que te marca o pescoço, como se fosse um beijo de fragrâncias. Depois, persigo-te como quem segue um profeta, qual sombra agarrada a ti, pelas ruas da cidade, por todos os lados que a vida te leve, e tu nem dás por mim!
Quando regressas a casa, enrolada no casaco que

António Almas

te abriga, são meus braços que te cobrem, minhas asas que te protegem da chuva fria. E esse silêncio quando dormes e mal respiras, eu sentado no canto do quarto sorrio, porque estive contigo, nesta forma de amor quase doentio, e tu nem destes por mim!
Doces sonhos meu amor.

Palavras de amor

É longa a espera, o tempo trava, a boca seca, tudo parece parar, até o silêncio que costumo adorar se torna agora num poço de parede íngremes que me quer sufocar. Esta dicotomia entre os diferentes tempos de espera deixa-nos confusos. Tão depressa nos escapam os dias numa cavalgada desenfreada que não nos apercebemos do que passou, como depois há horas que se estendem por dias, parecem uma agonia interminável. Até respirar custa, até pensar dói, porque o foco da nossa mente não se abstrai do problema. Sim, é normalmente com um problema que o tempo se dilata, quando não há problemas e tudo é satisfação, voa como um furacão.

E tu meu amor, fala-me da dimensão do teu tempo, daquele em que esperas, daquele em que desesperas e daquele que voa contigo quando estamos juntos. Diz-me onde estás. Porque te procuro e não te vejo, porque te escrevo e não me escutas, onde te ocultas?

Eu sei que não és real, que podes assumir tantas formas como minutos tem o tempo, que na minha louca mente, já foste Deusa, miúda, menina e até mulher ardente. Mas ainda assim falo contigo, escrevo-te ao ritmo da voz, falo-te dentro da minha cabeça, como se me habitasse outro que tem uma fala muda que apenas transcrevo para a folha nua.

O único silêncio que me satisfaz é quando tu estás, quando te desenho, rosto, cabelo, ventre e corpo inteiro, ou quando me falas na surdina dos dias, dizendo-me cá dentro como devo amar-te e como posso sonhar-te.

Diz-me a onde estás que não te vejo...

Palavras de amor

Eu sou um porto, navios chegam, navios vão, e eu permaneço, espero pela próxima embarcação. Paciente mente escuto as sirenes dos navios, conheço-as de há tantos anos, recebo-os de braços abertos, sei que não ficarão, mas enquanto ali estão, estão seguros à Terra, a salvo das tempestades do mar de amor. Este é o meu lugar, nem partir nem ficar, é ser simplesmente o lugar onde vens aportar.

António Almas

Revelo-te os meus segredos, os sonhos que guardo, os enredos que vivo. Digo-te quem sou para que me saibas homem, como todos os outros, para que percebas que não sou apenas uma voz na tua cabeça, morro como qualquer mortal, erro como qualquer outro, falho, onde tantos acertam, sou afinal um homem banal.

Tento lutar contra os teus fantasmas, destruir imagens de falsos deuses, de profetas que apenas dizem e não sentem, mas tu não me escutas, não ouves a minha voz real, apenas o ecos duma voz inventada no teu subconsciente, uma voz apagada que não tem agudos nem graves, que nada mais é que o fruto das tuas conjecturas.

Sim! Sou um pecador, como outro qualquer, nem mais nem menos. Alguém que envelhece com o tempo, mas que ainda assim espera que o aceites todos os seus defeitos, se assim achares que podes. O que não quero são ilusões, porque não sou ilusionista, não quero farsas, porque não sou

António Almas

encenador.

Aceita-me, com a alegria e a dor, por favor!

Palavras de amor

Os quatro lados do meu silêncio são paredes que se fecham, sem janelas nem portas, apenas tecto, chão e eu, dentro. Não entro nem saio, apenas fico, nele confinado, restrito a este quadrado onde me guardo.

As mãos são o que resta para arranhar o cimento fresco, desenhar e traçar imagens e tormentas, letras e palavras esculpidas numa inflexibilidade cega, num vazio incolor onde tudo é pardo como os dias.

Quando a noite chega não a vejo, quando o dia clareia não existo, apenas o chão como destino, o vago sentido de ser apenas oco, como este reboco fino que preenche as paredes da minha casa abandonada.

António Almas

Não te procuro mais, porque chegaste há muito. Vieste para ficar, sentada na minha alma, pacientemente, assistindo à minha louca procura, cego pelas utopias, fantasias, apelos de um mundo que só existia na minha cabeça.

O teu silêncio foi tão profundo que nem mesmo nos meus momentos de introspecção dei pela tua respiração. Viste-me nascer e morrer tantas vezes que te questionaste se alguma vez respiraria tranquilamente a brisa que me sopravas.

O teu amor foi tão intenso e conciso que foste capaz de superar as desilusões, os fracassos e o colapso constante dos mundos por mim inventados. Esperaste, como quem espera que a semente germine, a árvore cresça e depois possa desfrutar da sombra.

Hoje vejo-te, aprecio a tua resiliência, sinto-te e sei que completas tudo aquilo que procurei a vida inteira, afinal já estava aqui, habitava-me, ouvias a minha voz e pegavas-me ao colo quando adormecia a chorar pelo amor não encontrado.

É bom saber que esperaste, que me deixaste crescer, aprender e me amaste muito mais que qualquer dos meus sonhos, das minhas invenções ou criações.

Hoje és real em mim, como eu sempre fui real para ti.

Palavras de amor

Hoje precisava de segurar-te na mão, de olhar-te nos olhos e prestar-te toda a atenção, precisava perceber na profundidade do olhar, até onde escorre este mar de sentimentos que teimas em esconder-me. Hoje precisava ver-te, ouvir-te e tocar-te, ainda que ao de leve, como a chuva quando cai, como o vento quando sopra e leva o perfume dos teus cabelos para dar uma volta. Mas há a vida, e essa não nos deixa outra saída que não seja imaginar-nos, inventar-nos e desenhar-nos nos olhos fechados da insónia.

António Almas

Palavras de amor

Perpetúo a minha presença em ti no amor que te confesso, nessa forma estranha de estar em ti, de ser constância, eterna e permanente. Não sei onde me encontraste, como me levaste para dentro de ti, mas sei que é aí que quero morar, nesse lugar secreto, onde me tens guardado.

Mesmo quando não murmuro nos teus pensamentos, sou presença nos teus sonhos e tu em mim marcas o ritmo dos dias, as noites de insónia e os sonhos que mesmo acordado congemino. Mesmo sento o anverso continuo a ser o teu verso, mesmo distante continuo de ti tão próximo que os mundos se tocam num atrito quase permanente que gera calor, que constrói em nós o amor, aquele que verdadeiramente importa, que realmente conta na hora de enlouquecer e deixar-se levar pelo suor dos corpos.

Não há outra forma de amar, que não seja como a da semente que ama a terra e nela se entranha para brotar depois à superfície. Assim te amo a ti, do fundo para o topo, do silêncio para o grito, de dentro para fora, do fim para o princípio.

Obras já publicadas do autor:

- Diário de Sonhos 2009 (2ª edição 2017)
- Reflexos d'Alma 2010
- O Livro dos Pensamentos I 2011
- A Magia das Letras – Aqua 2011
- Folhas Soltas 2012
- O Livro dos Pensamentos II 2013
- Absorvência 2014
- Ínfimos 2014
- Inflexões 2014
- Convexidade 2014
- Cartas a Sophia (Romance) 2015
  Edições em inglês e espanhol 2017

- EVA – O despertar da Alma (Romance) 2015
  Edição em inglês 2017

- A Magia das Letras II – Ignis 2015
- Conversas com o Pai 2016
- O Livro dos Pensamentos III 2016
- O enigma do Amor (Romance) 2016
- O Druida (Romance) 2016
- O oráculo de Vénus (Romance) 2016
- The Soul's book (inglês) 2017
- Dissertações Poéticas 2017
- Amar só por amar 2017
- No silêncio da Noite 2017
- O Beijo (Romance) 2017

Publicações à venda em:

Diário de Sonhos 1ª edição:
www.bertrand.pt

Restantes títulos:
www.amazon.com
www.lulu.com/spotlight/aalmas

e-Books:
www.amazon.com

Para obter livros autografados pelo autor solicitar para:
antonio.almas@gmail.com

Ou visite o site do autor em www.aalmas.eu

www.ingramcontent.com/pod-product-compliance
Lightning Source LLC
Chambersburg PA
CBHW071709040426
42446CB00011B/1979